Inhalt

Finanzmakler - kommt das Ende der Provisionsberatung?

Kernthesen

Beitrag

Fallbeispiele

Weiterführende Literatur

Impressum

Finanzmakler - kommt das Ende der Provisionsberatung?

Thomas Trares

Kernthesen

- In der Finanzkrise hat der Ruf der Finanzberater gelitten.
- Die EU-Kommission will die Zunft nun stärker regulieren.
- Möglicherweise wird es die Provisionsberatung in ihrer heutigen Form bald nicht mehr geben.
- Die Honorarberatung als Alternative fristet in Deutschland allerdings noch ein Schattendasein.
- Mit Abstand größter Finanzvertrieb in Deutschland ist die Deutsche Vermögensberatung.

Beitrag

EU-Kommission will Finanzvermittler stärker regulieren

Im Zuge der Finanzkrise ist auch die Zunft der Finanzberater in die Kritik geraten. Mangelnde Transparenz ist einer der Vorwürfe. Oftmals haben Berater ihren Informationsvorsprung ausgenutzt und Produkte vermittelt, die ihnen die höchsten Provisionen bringen, nicht aber zu dem Kunden passten. Die Europäische Union (EU) will nun die Anlageberater stärker regulieren. Der im Oktober 2011 von der EU-Kommission vorgelegte Entwurf der Finanzmarktrichtlinie Mifid II enthält neue Regelungen zur Anlageberatung sowie zur Vergütung bei Vertrieb und Vermittlung von Finanzprodukten. (1), (2)

Mehr Transparenz in der Finanzberatung

Von der Neuregelung der Mifid sind die Finanzvermittler in zweierlei Hinsicht betroffen.

Erstens sollen bei Koppelungsgeschäften, bei denen zwei oder mehr Dienstleistungen oder Produkte im Paket verkauft werden, den Kunden die Kosten der einzelnen Bestandteile offengelegt werden. Und zweitens soll der Berater darüber aufklären, ob er unabhängig ist oder nicht. Unabhängig wäre eine Anlageberatung nur dann, wenn der Vermittler ausschließlich vom Kunden bezahlt wird. Setzt sich das Modell der EU-Kommission durch, wäre dies das Ende des bislang in Deutschland vorherrschenden Provisionsmodells. (1), (2)

Unterschiedliche Modelle in Europa

In den EU-Ländern existieren hinsichtlich der Finanzberatung unterschiedliche Strukturen und Regulierungsansätze. In Großbritannien gibt es ab 2013 neue Vorschriften. So soll der Berater einen ausreichenden Marktüberblick haben, eine unabhängige Beratung gewährleisten und den Kunden darüber informieren, dass er eine provisionsunabhängige Beratung leistet. Die Vergütung des Beraters erfolgt durch den Kunden. Auch in den Niederlanden sollen Finanzberater ab dem 1. Januar 2013 keine Provisionen vom Anbieter mehr erhalten. Dagegen ist in Deutschland der Markt für Honorarberatungen noch sehr klein. Wichtigster

Anbieter ist die Quirin Bank. Zudem ist Deutschland das einzige Land in der EU, in dem das Beratungsgespräch protokolliert werden muss. (1), (4), (8)

In Deutschland nach wie vor schwieriger Stand

Die Privatanleger in Deutschland treffen ihre Investmententscheidung überwiegend selbst. Nur ein Fünftel der von der Deutschen Schutzvereinigung für Wertpapierbesitz (DSW) befragten Anleger ließ sich vor einem Wertpapierkauf von einer Bank beraten. Nur elf Prozent behaupteten gute Erfahrungen mit Beratern gemacht zu haben, mehr als die Hälfte berichtete von schlechten. Zeitungen und Zeitschriften sind für Anleger nach wie vor die am stärksten genutzten Informationsmedien, während Materialien von Banken selten genutzt werden. Für DSW-Hauptgeschäftsführer Marc Tüngler belegt die Umfrage, dass der Trend zum "Do-it-yourself-Anleger" geht. (10)

Das persönliche Gespräch bleibt in der Finanzberatung die wichtigste Form der Kundenkommunikation. Das ist das Ergebnis einer Befragung von Finanzberatern im Auftrag der von mehreren Fondsgesellschaften getragenen Initiative

"Investmentfonds. Nur für alle". An zweiter Stelle stehen neue Kommunikationswege - etwa der Kundenkontakt über soziale Netzwerke wie Facebook und Twitter. Wichtig sind zudem verständliche Produktinformationen zur Verbesserung des Kundengesprächs. Allerdings klagt jeder dritte Berater über unverständliche oder wenig ansprechende Informationsmaterialien. Zudem wurde deutlich, dass die Finanzkrise das Verhältnis zu den Kunden belastet hat. Fast alle befragten Berater registrierten einen Vertrauensverlust. (3)

Die Honorarberatung fristet in Deutschland nach wie vor ein Schattendasein, weil es immer noch an Wertschätzung fehlt. Befragungen ergaben, dass Kunden lediglich bereit wären, 50 Euro in der Stunde zu zahlen. Für eine unabhängige, gute Beratung ein unrealistischer Betrag, denn Anwälte oder Steuerberater kalulieren für eine ähnliche Dienstleistung mehr als das Doppelte. (8)

Trends

Ob die Provisionsberatung tatsächlich kommt, ist noch offen. Aus dem Entwurf der Mifid II ist das generelle Provisionsverbot nämlich wieder verschwunden. Über die endgültige Mifid-II-Fassung wird die EU-Kommission voraussichtlich Ende 2012 entscheiden, mit einer Umsetzung ist nicht vor 2014 zu rechnen. (2)

Unklar ist auch, wie das deutsche Recht mit der Mifid harmonisiert werden kann. So ist am 1. Juni hierzulande das "Gesetz zur Novellierung des Finanzanlagevermittler- und Vermögensanlagerechts" in Kraft getreten. Dieses führt mit Paragraf 34f der Gewerbeordnung eine neue Vorschrift ein, die vom 1. Januar 2013 an die Zulassung von Finanzanlagevermittlern an strenge Voraussetzungen knüpft. Im Einzelnen regelt dies die neue Verordnung zur Einführung einer Finanzanlagen-Vermittlungsverordnung (FinVermV). Ob diese den Anforderungen von Mifid II genügt, ist noch offen. (2)

Fallbeispiele

Wegen Schadensfällen im Kapitalmarkt haben in Nordrhein-Westfalen im Jahr 2011 insgesamt 1 400 Menschen unabhängige Berater aufgesucht. Das waren fast doppelt so viele wie 2010. Ein Sprecher der Verbraucherzentrale NRW sagte, dass es in 95 Prozent der Fälle Menschen gewesen seien, die falsch beraten worden seien. Insgesamt hätten sich 2011 landesweit 11 150 Menschen wegen überteuerter Kredite oder zu langer Laufzeiten von Versicherungen an die Verbraucherzentrale gewendet, knapp 23 Prozent mehr als im Vorjahr. (9)

Mit einem Bestand von über 5,9 Millionen Kunden ist die Deutsche Vermögensberatung AG (DVAG) größter Finanzvertrieb in Deutschland. 2011 kletterte der Umsatz um 4,3 Prozent auf 1,11 Milliarden Euro, der Jahresüberschuss um 14 Prozent auf 171 Millionen Euro. Das Ergebnis der gewöhnlichen Geschäftstätigkeit nahm um 13,8 Prozent auf 265 Millionen Euro zu. Für die DVAG sind über 37 000 haupt- und nebenberufliche Vermögensberater tätig. Für den Versicherer Generali und die DWS, die Fondstochter der Deutschen Bank, ist die DVAG der wichtigste Vertriebskanal. (6)

Bei dem börsennotierten Finanzdienstleister MLP zahlt sich der eingeschlagene Sparkurs allmählich aus. Im ersten Quartal 2012 verdoppelte sich das Konzernergebnis fast auf 9,4 Millionen Euro - trotz gesunkener Einnahmen. Allerdings fielen vor einem Jahr noch Sonderbelastungen von 3,2 Millionen Euro an, die auf das Sparprogramm zurückzuführen waren. Dieses umfasst den inzwischen fast abgeschlossenen Abbau von 100 Arbeitsplätzen, die Neuorganisation der Zentrale und die Zusammenführung von Geschäftsstellen. Das Sparprogramm soll die operative Umsatzrendite im laufenden Jahr auf 15 Prozent hieven, nach 9,6 Prozent 2011. Im vergangenen Jahr hatte MLP den Umsatz um vier Prozent auf 545,5 Millionen Euro und das operative Ergebnis um elf Prozent auf 52,3 Millionen Euro gesteigert. (7)

Für den Finanzvermittler OVB ist 2011 nach den zwei vorangegangenen schwachen Jahren vergleichsweise gut gelaufen. Die Gesamtvertriebsprovisionen stiegen um 12,6 Prozent auf 222,1 Millionen Euro, das operative Ergebnis legte um 27,3 Prozent auf 6,1 Millionen Euro zu. Ferner erhöhte sich die Zahl der hauptberuflichen Handelsvertreter auf 4 908 von zuvor 4 600. Weiter an Bedeutung verloren hat das Deutschland-Geschäft, dessen Anteil inzwischen noch 32,8 Prozent beträgt. Allerdings ist der hiesige Markt für OVB überdurchschnittlich rentabel. Wachstumstreiber bleibt indes das Geschäft in Mittel- und Osteuropa. Für 2012 prognostiziert der Konzern eine Steigerung des Gesamtumsatzes um fünf Prozent und des Gewinns um zehn Prozent. (5)

Der Finanzvermittler Aragon hat 2011 den Umsatz um 16 Prozent auf 127 Millionen gesteigert. Das Ergebnis vor Zinsen, Steuern und Abschreibungen kletterte um 43 Prozent auf 5,3 Millionen Euro. Das Unternehmen sieht sich gut positioniert. Mit dem Verkauf der Anteile an der Biw-Bank habe man das strategische Ziel der Konzentration auf die Bereiche Finanzvertrieb und Finanzberatung erreicht. Die liquiden Mittel sind innerhalb des vergangenen Jahres auf 13,8 Millionen von zuvor 9,2 Millionen Euro gestiegen. Zudem hat im Jahresverlauf die Zahl der betreuten Kunden die Marke von einer Million überschritten. (6)

Weiterführende Literatur

(1) Transparenz oder Provisionsverbot?
aus WirtschaftsWoche online vom 2012-05-16

(2) Neue Auflagen für Finanzberater
aus Handelsblatt Nr. 087 vom 04.05.2012 Seite 044

(3) Repräsentative Umfrage unter Finanzberatern: Persönliches Gespräch bleibt Erfolgsfaktor Nummer Eins
aus news aktuell, 2012-06-14

(4) Nur in Deutschland Pflicht zur Protokollierung von Finanzberatungen
aus AssCompact Nr. 05 vom 03.05.2012 Seite 113

(5) Finanzvertrieb - OVB: Deutschland- Geschäft schrumpft weiter
aus Bank und Markt 05 vom 01.05.2012 Seite 008

(6) DVAG verteidigt Spitzenposition unter den Finanzvertrieben
aus VersicherungsJournal.de, Ausgabe vom 02.04.2012:

(7) MLP spart sich Gewinnwachstum zusammen Überschuss im ersten Quartal verdoppelt - Provisionserlöse in der Altersvorsorge sinken - Plus bei der betrieblichen Vorsorge erwartet

aus Börsen-Zeitung, 11.05.2012, Nummer 91, Seite 4

(8) Das Berater-Paradoxon Die Honorarberatung hat in Deutschland den Durchbruch nicht geschafft - obwohl immer weniger Kunden ihrer Bank vertrauen
aus Financial Times Deutschland vom 16.05.2012, Seite 21

(9) Kunden klagen öfter über schlechte Finanzberatung
aus Rheinische Post Nr. 92 vom 19.04.2012

(10) Bankberater verlieren immer mehr an Einfluss DSW sieht Trend zum "Do-it-yourself-Anleger"
aus Börsen-Zeitung, 29.06.2012, Nummer 123, Seite 11

Impressum

Finanzmakler - kommt das Ende der Provisionsberatung?

Bibliografische Information der deutschen Nationalbibliothek

Die Deutsche Nationalbibliothek verzeichnet diese Publikation in der deutschen Nationalbibliografie; detaillierte bibliografische Daten sind im Internet über http://dnb.d-nb.de abrufbar.

ISBN: 978-3-7379-0645-6

© 2015 GBI-Genios Deutsche Wirtschaftsdatenbank GmbH, Freischützstraße 96, 81927 München, www.genios.de

Alle Rechte vorbehalten. Dieses Werk ist einschließlich aller seiner Teile – z.B. Texte, Tabellen und Grafiken - urheberrechtlich geschützt. Jede Verwertung außerhalb der Grenzen des Urheberrechtsgesetzes bedarf der vorherigen Zustimmung des Verlags. Dies gilt insbesondere auch für auszugsweise Nachdrucke, fotomechanische Vervielfältigungen (Fotokopie/Mikroskopie), Übersetzungen, Auswertungen durch Datenbanken oder ähnliche Einrichtungen und die Einspeicherung und Verarbeitung in elektronischen Systemen.